clv

Josh McDowell und Sean McDowell

Tatsächlich: ER lebt!

CLV

Christliche Literatur-Verbreitung e.V.
Ravensberger Bleiche 6 · 33649 Bielefeld

Die Bezugnahme auf Veröffentlichungen von Autoren, die im vorliegenden Werk erwähnt werden oder aus denen zitiert wird, muss nicht bedeuten, dass deren theologische Ansichten vom Verfasser oder vom herausgebenden Verlag geteilt werden.

German edition

Originally published in English under the title:
The Resurrection and You
© 2017 by Josh McDowell Ministry

Published by Baker Books
a division of Baker Publishing Group
P. O. Box 6287, Grand Rapids, MI 49516-6287, USA

1. Auflage 2018

© der deutschen Ausgabe 2018 by CLV
Christliche Literatur-Verbreitung
Ravensberger Bleiche 6 · 33649 Bielefeld
Internet: www.clv.de

Übersetzung: Hermann Grabe, Meinerzhagen
Satz: EDV- und Typoservice Dörwald, Steinhagen
Umschlag: Anne Caspari, Marienheide
Druck und Bindung: CPI books GmbH, Leck

Artikel-Nr. 256127
ISBN 978-3-86699-127-9

Inhalt

Eine persönliche Reise
Was geschah, als ich auszog, das Christentum zu widerlegen — 7

1
Weshalb die Auferstehung so wichtig ist
Die einzige Hoffnung der Welt — 11

2
Können wir wissen, dass die Auferstehung stattfand?
Sind die Berichte über sie wahr? Sind sie glaubhaft? — 19

3
Beweise für die Auferstehung
Ist Jesus gestorben, begraben und auferstanden? — 31

4
Was kommt als Nächstes? — 51

Endnoten — 59

Eine persönliche Reise

Was geschah, als ich auszog, das Christentum zu widerlegen

Josh McDowell

Als Student am Kellogg Community College in Michigan bereitete ich mich auf das Jura-Studium vor – denn ich wollte Politiker werden. In der gesamten Studentenschaft fiel eine Gruppe aus dem Rahmen, weil sie ganz anders lebte. Diese zog meine Aufmerksamkeit auf sich. Statt nur für Geld, Erfolg oder Ruhm zu leben, liebten diese Studenten glaubhaft und offensichtlich einander. Ich kam aus einer kaputten Familie und wurde von dem Knecht auf unserem Hof, Wayne Bailey, sieben Jahre lang Woche für Woche sexuell missbraucht. Daher suchte ich verzweifelt genau jene Art von Liebe, die diese Gruppe so authentisch zu erfahren und auszuleben schien. Ihre Liebe zu allen Menschen innerhalb und außerhalb ihrer Gruppe kam mir eigenartig vor, und doch sehnte ich mich verzweifelt danach.

Aber ich war auch ein unsicherer Zweifler mit großer Klappe. Ich wollte nicht, dass sie etwas von den Verletzungen und den Schmerzen erfuhren, die tief in meinem Herzen steckten. Auch sollten sie nicht erkennen, wie sehr ich nach dem Sinn und Ziel meines Lebens suchte. In der Hoffnung, dies alles verbergen zu können, freundete ich mich mit ihnen an. Eines Tages, als wir um einen runden Tisch im Studenten-Wohnheim saßen, fragte ich ein Mädchen aus dieser Gruppe, warum sie so anders sei als die übrigen Studenten und Professoren auf dem Campus. Ich versuchte, so zu tun, als läge mir nicht viel an dieser Frage, obwohl ich die Antwort wirklich gern gewusst hätte. Mit einem kleinen Lächeln erwiderte sie meinen Blick und sagte zwei Worte, von denen ich niemals angenommen hätte, dass sie auf einem Hochschulgelände in eine Antwort gepasst hätten. Sie sagte einfach: »Jesus Christus.«

Sofort schoss ich zurück: »Erzähl mir doch nichts von diesem religiösen Quatsch! Ich habe die Nase voll von Religion, Kirche und Bibel.« Das Mädchen war sehr überzeugt, denn sie antwortete darauf sofort: »Mein Herr, ich habe nichts von Religion gesagt. Ich sprach von der Person Jesus Christus.« Ich hatte nicht die Absicht, unhöflich zu sein, deshalb entschuldigte ich mich für meine heftige Reaktion. Aber ich hielt Christen einfach für »Loser«, und von Religion wollte ich grundsätzlich nichts mehr wissen. Wie sollte einer, der vor zweitausend Jahren starb, irgendwelche Bedeutung für mein Leben heute haben?

Zu meiner Überraschung forderte mich die Gruppe heraus, doch einmal ganz intellektuell die Ansprüche Christi zu prüfen. Tatsächlich muteten sie mir zu, die historischen Beweise für die Bibel und auch für die Göttlichkeit Christi und dessen Auferstehung zu untersuchen. Ehrlich gesagt hielt ich das für einen Witz! Und ich war entschlossen, sie von ihrem Irrtum zu überführen. So verließ ich das College und gab mein Geld, das ich mir durchs Jobben nebenbei verdient hatte, dafür aus, durch die Vereinigten Staaten, England und den Nahen Osten zu reisen, um Beweise für die Widerlegung des Christentums zu sammeln. Heute kann vieles von diesen Beweisen in Büchern, in örtlichen Büchereien und im Internet gefunden werden. Doch in den 1950er-Jahren konnte man sie aus erster Hand nur in großen Bibliotheken und Universitäten überall auf der Welt verstreut finden. Ich war ausgezogen, das Christentum intellektuell lächerlich zu machen – aber was ich fand, stellte mein Leben auf den Kopf.

So saß ich eines Freitagnachmittags ganz allein in einer Londoner Bibliothek und war müde von meinen monatelangen Untersuchungen. Plötzlich hörte ich etwas – wie eine Stimme, die zu mir sprach. Ich höre gewöhnlich keine Stimmen. So war dies für mich etwas Erschreckendes, was mich völlig aus der Fassung brachte. Die Stimme sagte: *»Josh, du hast gar keinen Grund unter den Füßen.«* Ich unterdrückte diesen Gedanken sofort, denn immerhin war mein Ziel, das Christentum zu widerlegen – und nicht, es zu glauben. Interessanterweise hörte ich von jenem Augenblick an fast jeden Tag dieselbe Stimme – nur lauter und immer lauter! Je länger ich die Beweise untersuchte, umso mehr kam ich zu dem gegenteiligen Ergebnis dessen, was ich zu erreichen beabsichtigte.

Mein Ziel war, das Christentum zu widerlegen – aber meine Forschungen führten mich zu dem Schluss, dass ich der Bibel vertrauen konnte, dass Jesus Gott ist und dass er am dritten Tag von den Toten auferstand.

Aber obwohl ich wusste, dass alles stimmte, wollte ich anfangs nicht mein Leben Jesus übergeben und ihm nachfolgen. Ich fürchtete mich davor, was die Leute von mir denken würden und was es mich kosten könnte, ein Gläubiger zu werden! Doch jetzt – nach fünf Jahrzehnten in der Nachfolge Christi – kann ich von ganzem Herzen sagen, dass es die beste Entscheidung meines Lebens war. Meine Aufmerksamkeit wurde zunächst durch die Beweise geweckt. Doch es war die Liebe Gottes, die sich in dem Leben jener College-Studenten widerspiegelte und die ich am Anfang meiner Reise wahrgenommen hatte, die am Ende mein Herz überwand.

Tatsächlich: ER lebt! ist ein Buch, an dem mein Sohn Sean und ich gemeinsam gearbeitet haben. Wenn Sie Christ sind, wird dieses Buch Sie mit einigen Beweisen ausstatten, durch die Sie sehen, dass Ihr Glaube wohlbegründet ist. Wenn Sie mit uns übereinstimmen, könnten Sie sich dann vorstellen, dieses Buch mit einem Freund durchzuarbeiten, der noch kein Christ ist?

Falls Sie noch zweifeln, bitten wir Sie nur um eins: Lesen Sie dieses Buch mit offenem Herzen. Wenn Jesus wirklich von den Toten auferstand und damit bestätigt, dass er Gott ist (Römer 1,4), dann gibt es nichts Wichtigeres im Leben, als ihm nachzufolgen. Wenn Jesus nicht von den Toten auferstanden ist, dann haben Sie nichts zu verlieren – es ist dann alles nur ein schlechter Scherz.

Niemand hat die Welt mehr verändert als Jesus Christus. Und er ist auch heute noch dabei, Leben zu verändern.

Lassen Sie uns nun miteinander die Beweise für die Auferstehung betrachten – und was sie für Ihr Leben bedeuten.

1

Weshalb die Auferstehung so wichtig ist

Die einzige Hoffnung der Welt

Sehen Sie sich einmal diesen Kommentar einer jungen Frau auf einer atheistischen Website an:

> »Ich bin verwirrt ... Bisher hatte ich stets angenommen, die Wissenschaft sei die Lösung aller Probleme. Aber ich weiß nicht, ob ich ohne ewiges Leben weiterleben möchte. Ich werde wohl einfach selbst einen Weg finden müssen, um meine bedeutungslose Existenz zu bewältigen. Nur möchte ich doch gerne irgendjemanden kennen, der mir den Weg zum ewigen Leben zeigen kann. Wenn mir die Wissenschaft die Antworten nicht liefern kann, wer oder was kann es dann?! *seufz* Scheint es nicht so zu sein, dass es eine höhere Macht gibt, die unserem Leben einen Sinn verleiht? Nun sagt aber die Wissenschaft, die gebe es nicht – dann gibt es sie also nicht.«[1]

Haben Sie auch schon einmal so gedacht wie diese junge Frau? Können Sie ihre Angst nachempfinden? Haben Sie sich auch schon einmal gefragt, ob es in einem atheistischen Universum überhaupt irgendeinen Sinn gibt? Sogar Bertrand Russell, der große und einflussreiche Philosoph, hatte begriffen, dass ein atheistisches Universum wahrhaft sinnlos ist.[2]

In unserer heutigen Gesellschaft ist Hoffnung Mangelware. Wenn das Leben, wie wir es auf diesem schmerzerfüllten Planeten wahrnehmen, alles ist, was es gibt, dann ist in der Tat unser Dasein sinnlos und man muss, wie diese junge Frau sagt, »selbst einen Weg finden«. Sie hat begriffen: Es gibt eine Sache, die allem einen tiefen Sinn geben würde: *ewiges Leben*. Bisher hatte sie erwartet, die Wissenschaft würde für Menschen einen Weg finden, ewig leben zu können – aber sie begriff schließlich, dass die Wissenschaft das nicht schafft.

Zu einem besonderen Zeitpunkt in der Menschheitsgeschichte gab es eine Gruppe von Leuten, die von Herzen einem Mann vertrauten, von dem sie mit ganzer Hingabe glaubten, er würde die Welt für immer verändern. Eine kleine Schar hingegebener Juden meinte, ein Mann namens Jesus sei der Messias – der Befreier, der ihre bedrückende Knechtschaft unter den Römern zerbrechen und ein wahrhaft göttliches Reich auf Erden errichten würde. Ihr Prophet Jesaja hatte in den alten jüdischen Schriften geweissagt, der Messias würde kommen, um alle Dinge in ein Paradies zu verwandeln, in dem es weder Kriege noch Unterdrückung, Furcht oder Tod mehr geben würde (Jesaja, Kapitel 11 und 35). Alle würden für ewig in Frieden miteinander leben.

Stellen Sie sich den schrecklichen geistigen und seelischen Zustand dieser kleinen Gruppe von Nachfolgern vor, als sie mit ansehen mussten, wie ihr Messias, ihr Befreier, seinen letzten Atemzug tat, während er wie ein gewöhnlicher Verbrecher an einem römischen Kreuz starb. Sie hatten alles aufgegeben, um ihm nachzufolgen. Aber nun hing er da, an ein Kreuz genagelt. Sterbend! Und mit ihm starben alle Hoffnungen, die sie auf ihn gesetzt hatten. Sie müssen sich wie die oben zitierte junge Frau gefühlt haben. Das Leben schien sinnlos zu sein. Alles war hoffnungslos. Es schien, als gäbe es keinen Ausweg aus ihrer absurden Existenz, keinen Weg in ein ideales, ewiges Leben.

Maria Magdalene war eine der Nachfolgerinnen von Jesus, dem Messias. Sie hatte seinen Dienst finanziell unterstützt und geglaubt, er sei derjenige, den Gott auserwählt hatte, der Welt ewiges Leben zu bringen. Sie hatte nah beim Kreuz gestanden und war Zeugin der grausamen Hinrichtung ihres Meisters – jetzt war ihr Leben völlig durcheinandergewirbelt worden.

Nachdem die römischen Soldaten den Tod Jesu festgestellt hatten, nahm man ihn vom Kreuz ab und brachte seinen Leib fort, um ihn in dem Felsengrab eines reichen jüdischen Ratsherrn zu bestatten. Maria Magdalene verließ diese schrecklich trostlose Szene mit dem Vorsatz, das Grab zu besuchen, nachdem die Beerdigung abgeschlossen war. Früh am Sonntagmorgen ging sie zum Grab, und da erwartete sie ein neuer Rückschlag. Jesus war nicht nur ungerecht umgebracht worden, nein, zu ihrem größten Schrecken war das Grab geöffnet worden und sein Leib war verschwunden. In der Furcht, jemand habe ihn gestohlen, lief sie zu Petrus und Johannes – zwei anderen Menschen, die Jesus nachfolgten – und berichtete ihnen, was sie gesehen hatte. Die beiden glaubten ihr einfach nicht, trotzdem rannten sie schnell zum Grab, um Marias Geschichte selbst zu überprüfen.

Als sie ankamen, sahen sie die zusammengesunkene Hülle der Grabtücher. Sie waren unversehrt – doch der Leib war nirgends zu finden. Voller Furcht und Verwirrung kehrten die beiden Männer wieder heim. Aber Maria blieb zurück. Sie blickte Abschied nehmend noch einmal in das Grab, und was sie jetzt sah, erschreckte sie: Zwei Männer, in leuchtend weiße Gewänder gekleidet, saßen in dem Grab.

»Warum weinst du?«, fragten die Engel sie.

»Weil sie meinen Herrn weggenommen haben«, antwortete sie, »und ich nicht weiß, wo sie ihn hingelegt haben« (Johannes 20,13).

Als sie sich umdrehte, sah sie etwas noch viel Bemerkenswerteres: Jesus stand direkt vor ihr. Er lebte! Aber eigenartigerweise erkannte sie ihn nicht, sondern hielt ihn für den Gärtner. Jesus fragte sie dasselbe wie die Engel:

»Liebe Frau, warum weinst du?«

Sie ahnte immer noch nicht, mit wem sie redete, und sagte leise: »Herr, wenn *du* ihn weggetragen hast, so sage mir, wo du ihn hingelegt hast, und ich werde ihn wegholen« (Johannes 20,15).

Aber dann, in ganz besonderer Freundlichkeit, nannte Jesus sie bei ihrem Namen: »Maria«, sagte er.

»Lehrer!«, brach es aus ihr hervor, als sie ihn plötzlich erkannte (Johannes 20,16).

Jesus stand lebendig, gesund und wohlbehalten vor ihr, weil der Tod den verheißenen Messias nicht festhalten konnte. Gott hatte ihn auferweckt, damit er seinen Auftrag vollenden konnte, einer kranken und sterbenden Welt ewiges Leben zu bringen.

Unsere Auferstehungshoffnung

Als Jesus am Kreuz hing, schien alles verloren zu sein. Der Tod hatte gesiegt. Doch nach den drei Tagen im Grab eines reichen Mannes kam er lebendig wieder zum Vorschein. Diese Botschaft war so schockierend, dass seine Nachfolger sich weigerten, sie zu glauben, bis er selbst leiblich zu ihnen kam und sie einlud, die Nägelmale in seinen Händen mit eigenen Augen anzusehen. Dann stellte Jesus für seine Jünger eine erstaunliche Behauptung auf: In der Zukunft würden auch sie Auferstehungsleiber haben wie er selbst – Leiber, die niemals verderben oder altern oder vergehen würden. Sie würden die einzige große Hoffnung erleben, die einer sonst bedeutungslosen Existenz Bedeutung verleihen würde. Sie sollten für ewig ein neues Leben in der Gegenwart eines liebenden Gottes führen, ohne Tod oder Schmerzen.

Das ist die große Hoffnung, die Gott einer hoffnungslosen Welt anbietet – ein Leben nach dem Tod bei ihm, frei von Schmerzen und Leiden und mit überquellender Freude erfüllt. Obwohl viele Kritiker behaupten, der Glaube an die Auferstehung bringe uns »nichts Gutes für unser Erdenleben«, gibt sie uns Hoffnung für die Zukunft und hat Auswirkung auf unser Verhalten anderen Menschen und auch der übrigen Schöpfung gegenüber. Dieser Glaube an ein ewiges Leben ist nicht nur eine »Wolkenkuckucksheim-Idee«, dafür erfunden, dass wir uns in einer hoffnungslosen Welt doch noch wohlfühlen – es ist ein Glaube, der auf felsenfeste Beweise gegründet ist. Wir wollen die überwältigenden Beweise in diesem kleinen Buch erkunden.

Die entscheidende Bedeutung der Auferstehung

Die historische Tatsache der Auferstehung ist die eigentliche Grundlage des christlichen Glaubens. Sie ist kein beliebiger Bestandteil des christlichen Glaubens – sie ist *der* Glaube! Die Auferstehung Jesu Christi und das Christentum stehen und fallen miteinander. Eins kann ohne das andere nicht wahr sein. Der Glaube an die Wahrheit des Christentums ist nicht nur ein Glaube an den Glauben – an unseren Glauben oder den eines anderen –, sondern vielmehr der Glaube an den auferstandenen Christus der Geschichte. Ohne die historische Auferstehung Jesu ist der Glaube der Christen nur ein Placebo. Ohne die wörtliche, leibliche Auferstehung können wir genauso gut Gott, die weltweite christliche Gemeinde und die dazugehörigen moralischen Regeln vergessen. Wir könnten genauso gut »essen und trinken, denn morgen sterben wir!« (1. Korinther 15,32).

Wenn aber andererseits Christus aus den Toten auferstanden ist, dann lebt er auch jetzt (1. Korinther 15,4), und wir können ihn persönlich kennenlernen. Für jeden, der an ihn glaubt, gilt dann: Seine Sünden sind vergeben (Vers 3), und Christus hat die Macht des Todes gebrochen (Vers 54). Außerdem hat er uns versprochen, dass auch wir eines Tages auferstehen werden (Vers 22). Wir können ihm vertrauen, weil er der Herrscher über die ganze Welt ist (Vers 27). Er wird uns den endgültigen Sieg geben (Vers 57) und ein Leben voller Bedeutung (Vers 58).

Der britische Gelehrte N. T. Wright erklärt, wie zentral die Bedeutung der Auferstehung für die weltweite christliche Gemeinde ist:

> »Es gibt keine uns bekannte Form des frühen Christentums – auch wenn einige einfallsreiche Gelehrte solche Formen erfunden haben –, die nicht grundsätzlich bestätigt, dass nach Jesu schändlichem Tod Gott ihn wieder zum Leben erweckt hat. Bereits zu Paulus' Zeiten berichten die frühesten Schriften, dass die Auferstehung Jesu nicht nur irgendein von anderen Wahrheiten losgelöster Bestandteil des christlichen Glaubens ist. Sie ist innig mit der gesamten Struktur christlichen Lebens und Denkens verwoben.«[3]

Obwohl die Auferstehung Jesu weit *mehr* als eine historische Tatsache ist, ist sie doch nichts *weniger* als das. Wir werden im Folgenden zeigen, dass es mächtige, verifizierte Beweise dafür gibt, dass die Auferstehung wirklich stattfand.

Was bedeutet die Auferstehung für uns persönlich?

Gewöhnlich fürchten wir Menschen den Tod. Es fällt uns nicht nur äußerst schwer, uns das Aufhören unserer Existenz vorzustellen. Allein schon der Gedanke daran erschreckt uns.

Warum aber fürchten wir den Tod wirklich? Wir wollen uns sechs Gründe ansehen:[4]

1. Der Tod ist geheimnisvoll und unbekannt.
2. Wir müssen dem Tod ganz allein begegnen.
3. Wir werden von unseren Lieben getrennt.
4. Unsere persönlichen Hoffnungen und Träume gehen nicht in Erfüllung.
5. Der Tod eröffnet die Möglichkeit, dass wir ausgelöscht werden.
6. Der Tod ist unvermeidbar.

Während die Bibel nirgendwo vollkommene Befreiung von den emotionalen Problemen des Todes verspricht, wird uns in ihr doch zugesagt, dass der Sieg über die äußerst zersetzende Angst vor ihm für uns greifbar ist. Tatsächlich kann die biblische Lehre von der Auferstehung uns von der lähmenden Furcht vor unserer letzten Reise ins Unbekannte befreien.

Die Auferstehung macht deutlich, dass alles nur ein Übergang ist – einerlei, wie schrecklich unsere Kämpfe,

Enttäuschungen und Sorgen sein mögen. Einerlei, was uns zustößt, einerlei, wie tief und tragisch die erduldeten Schmerzen sein mögen, einerlei, wie sehr uns und unseren Lieben der Tod zu schaffen macht – die Auferstehung verheißt allen, die zum Glauben an Jesus, den Auferstandenen, finden, eine unermesslich gute Zukunft.

2

Können wir wissen, dass die Auferstehung stattfand?

Sind die Berichte über sie wahr?
Sind sie glaubhaft?

Entweder hat Jesu Auferstehung stattgefunden oder nicht. Sie ist objektive Realität und kann daher nicht für eine Person wahr und für eine andere falsch sein.

Woher wissen wir das? Ich (Sean) führte einmal folgendes Experiment mit meinen Studenten durch: Ich stellte einen Glaskrug mit Murmeln vor sie hin und fragte: »Wie viele Murmeln sind in dem Krug?« Sie antworteten mit unterschiedlichen Schätzungen: 221, 168 usw. Nachdem ich ihnen die richtige Anzahl, nämlich 188, genannt hatte, fragte ich: »Wer war der richtigen Zahl am nächsten?« Während sie alle damit einverstanden waren, dass derjenige, der die Zahl 168 nannte, der richtigen Zahl am nächsten war, begriffen und akzeptierten sie, dass die Anzahl der Murmeln eine objektive Tatsache war und nicht von persönlichen Vorlieben abhing.

Dann teilte ich Bonbons aus und fragte: »Welches duftet richtig?« Wie zu erwarten, hielten sie dies für eine dumme Frage – weil doch jeder Mensch seine persönliche Vorliebe hat. »Das stimmt«, sagte ich und fasste zusammen: »Der richtige Duft wird durch persönliche Vorlieben entschieden. Das ist eine Angelegenheit subjektiver Ansichten oder persönlicher Vorlieben – und keine objektive Tatsache.«

Dann fragte ich: »Sind religiöse Behauptungen objektive Fakten – wie die Anzahl der Murmeln in dem Krug –, oder sind sie nur Gegenstand persönlicher Ansichten – wie die Frage, welches Bonbon am besten duftet?« Die meisten Studenten waren der Ansicht, religiöse Behauptungen gehörten in dieselbe Kategorie wie die über den besten Duft. Dann öffnete ich die Tür für uns, die objektiven Ansprüche des Christentums zu diskutieren. Ich erklärte, dass das Christentum auf eine objektive, historische Tatsache gegründet sei: auf die Auferstehung Jesu. Ich erinnerte sie daran, dass wenn auch viele Menschen die historische Auferstehung Jesu ablehnen mögen, diese Angelegenheit doch nicht von der Art ist, dass man sagen könnte: »Sie ist wahr für dich, aber nicht wahr für mich.« Entweder war das Grab am dritten Tag leer, oder es war belegt – da gibt es keine dritte Möglichkeit. Schon bevor jemand die umgestaltende Kraft der Auferstehung Jesu begreifen kann, muss er zugeben, dass es sich hier um eine objektive Tatsache handelt, nicht um eine persönliche Vorliebe.

Wie geht man vor, wenn man die Wahrheit darüber herausfinden will, ob Jesus tatsächlich von den Toten auferstanden ist oder nicht? Ein kritischer Historiker würde die Zuverlässigkeit der Zeugenaussagen prüfen, er würde nachforschen, ob Jesus wirklich am Kreuz gestorben ist. Er würde das Beerdigungsverfahren untersuchen und die Berichte über das leere Grab und darüber, dass man ihn am dritten Tag lebendig gesehen habe. Ferner wäre es vernünftig, jede nur denkbare alternative Erklärung dieses Ereignisses in Erwägung zu ziehen. Klingt das nicht spannend? Bleiben Sie dran! Denn genau dies wollen wir auf den restlichen Seiten dieses Büchleins tun.

Untergraben Wundergeschichten die Glaubwürdigkeit?

Selbstverständlich müssen wir zunächst die Möglichkeit von Wundern ins Auge fassen, bevor wir es wagen dürften, die Beweise für die Auferstehung zu untersuchen. Wenn Wunder prinzipiell unmöglich sind, dann konnte die Auferstehung nicht stattgefunden haben und müssten wir nach natürlichen Erklärungen für die Ereignisse suchen, welche die Auferstehung zu bestätigen scheinen. Doch wenn wir zu dem Schluss kommen, dass Wunder zumindest möglich seien, dann können wir offen dafür sein, den Beweisen ohne Vorurteile zu folgen.

Wenn wir uns mit diesem Thema auseinandersetzen, tun wir gut daran, zwei wichtige Überlegungen im Kopf zu behalten, auf die uns der Neutestamentler Dr. Craig Blomberg hinweist:

> »Es gibt ein intuitives Gefühl, das auch der eifrigste Gläubige mit dem Skeptiker teilt, wenn es um die Glaubwürdigkeit von Wundergeschichten geht. Hinzu kommt, dass auch Menschen, die die Möglichkeit von Wundern in Betracht ziehen, nicht jeder seltsamen Erzählung übernatürlicher Dinge Glauben schenken.«[5]

Mit anderen Worten: Immer wenn wir von einem Ereignis hören, das dem natürlichen Wirken der Naturgesetze zuwiderläuft, sind wir natürlicherweise auf der Hut. Wir wollen nicht für dumm verkauft werden. Darum vergleichen wir das Gehörte mit dem üblichen Lauf der Natur, und wir wissen, dass die Natur nach festgelegten, vorhersagbaren Mustern arbeitet.

Doch gleichzeitig sollten wir nicht von vornherein Beweise für die Möglichkeit von Wundern ausschließen, nur weil sie nicht in unsere Denkkategorien passen. Es ist einfach unwissenschaftlich, das Ergebnis einer Untersuchung festzulegen, *bevor* man die Fakten untersucht hat. Um das Problem zu demonstrieren, lesen Sie bitte die folgende wahre Geschichte: Gegen Ende des 18. Jahrhunderts begegnete die westliche Welt zum ersten Mal dem Schnabeltier. Das Schnabeltier, das in Australien beheimatet ist, ist am ganzen Körper behaart, es hat die Größe eines Kaninchens und hat Füße mit Schwimmhäuten. Doch weil es Eier legt, vermehrt es sich wie die Reptilien! Als das Fell eines Schnabeltiers zum ersten Mal nach Europa gebracht worden war, setzte es alle in größtes Erstaunen. War es ein Säugetier oder ein Reptil? Das Schnabeltier schien dermaßen absonderlich zu sein, dass es – trotz des materiellen Beweises durch sein Fell sowie des Zeugnisses der Beteiligten – von vielen Londonern als eine Fälschung angesehen wurde.

Erst nachdem ein trächtiges Schnabeltier erschossen und nach London gebracht worden war, damit Beobachter es mit eigenen Augen sehen konnten, begannen die Menschen den Berichten zu glauben. Bevor dies geschah, weigerten sich einige der größten Denker, die Existenz des Schnabeltiers anzuerkennen, und andere zweifelten die seltsamen Behauptungen an, die über dessen Physiologie aufgestellt worden waren. Das Problem lag – wie der Rechtsanwalt und Apologet Ross Clifford schreibt – daran, »dass es nicht in das festgefahrene Weltbild der Menschen passte. So verwarfen sie es und hielten ihr Urteil auch dann noch aufrecht, *als das Gewicht der Beweise längst das Gegenteil nahelegte*«.[6]

Die Reaktion jener Menschen auf die Meldung über das Schnabeltier gleicht der Art und Weise, wie viele Menschen auf die Auferstehung reagieren. Viele wollen die Beweise für die Auferstehung einfach nicht wahrhaben, weil diese nicht in ihr Weltbild passen. Natürlich offenbart eine solche Haltung einen Mangel an Objektivität, indem man den Vorurteilen erlaubt, bei der Auseinandersetzung mit den Beweisen den Verstand beiseitezuschieben.

Anstatt bereits vor ausreichenden Untersuchungen zu beschließen, dass Wunder unmöglich seien – oder aber zu beschließen, dass Wunder ganz sicher geschehen –, sollten wir eine neutrale Haltung einnehmen, also anerkennen, dass Wunder vielleicht möglich sind – oder vielleicht auch nicht möglich sind. Dann können wir die Beweise objektiv untersuchen und sehen, wohin sie uns führen.

Craig Blomberg erklärt uns die Haltung derer, die sowohl die Gültigkeit der Naturgesetze als auch das Geschehen von Wundern verteidigen:

»Trotz der staunenswerten Fortschritte in der Physik hat noch niemand festgestellt, ob Gott, wie er traditionellerweise von Juden und Christen als existent angenommen wird, nicht gelegentlich die sonst festen Regeln der Natur aussetzt oder auch überschreitet ... Die Wissenschaft der Physik scheint heute viel offener für solch ein Wirken Gottes zu sein, als sie es noch vor einigen Generationen war.«[7]

Dr. Norman Geisler erklärt dies so:

»Der Glaube an Wunder zerstört nicht die *Glaubwürdigkeit* wissenschaftlicher Methodologie, nur deren *Alleinherrschaft*. Er besagt im Grunde nur, dass die Wissenschaft nicht das souveräne Recht hat, alle Phänomene auf natürliche Weise zu erklären, sondern nur solche Phänomene, die regulär, wiederholbar und/oder vorhersehbar sind.«[8]

Wunder sind nur unter der Annahme unmöglich, dass es Gott nicht gibt. Weil keine Beweise für den Atheismus existieren, sollte man für die Möglichkeit offen sein, dass Gott direkt in diese Welt hineingewirkt hat – und ebenso für die Beweise dafür, dass er dies getan hat.

Die Bestätigung durch die Geschichte

Das leere Grab, die Leinentücher, das Fortbewegen des riesigen Steins und das Erscheinen Jesu nach seiner Auferstehung sind entweder allesamt nur ausgedacht worden – oder aber geschichtliche Tatsachen. Deshalb ist historische Forschung nötig, um zu entscheiden, was wirklich an jenem Sonntag nach Jesu Kreuzigung geschah.

Den Beweisen für Jesu Tod und Auferstehung muss man mit einem ehrlichen, fairen und offenen Verstand begegnen. Obwohl wir unsere eigenen vorgefassten Meinungen und Schlussfolgerungen über diese Angelegenheit haben, dürfen wir unsere Untersuchungen nicht durch diese bestimmen lassen. Mögen die Beweise für sich sprechen! Der Historiker Ronald Sider schreibt: »Wir haben das Recht, gute Beweise für ein angenommenes Ereignis zu fordern, das wir nicht selbst erlebt haben. Aber wir wagen nicht, die Wirklichkeit nach unseren beschränkten Erfahrungen zu beurteilen. Und ich meine, sagen zu dürfen, dass wir für die Auferstehung Jesu von Nazareth gute Beweise haben.«[9]

Es geht uns hier um die historische Zuverlässigkeit und Genauigkeit der Bibel – nicht um ihre Inspiration. Auch wenn der Leser zu dem Schluss kommen mag, die Bibel sei inspiriert, so ist eine solche Schlussfolgerung nicht nötig, um das Leben, den Tod und die Auferstehung Jesu als historische Ereignisse zu untersuchen.

Die Auferstehung Christi muss nach denselben Kriterien untersucht werden, die angewendet werden, um andere historische Ereignisse zu untersuchen. Der Glaube der ersten Christen war auf Erfahrungen von Menschen gegründet, die nachweisbare Ereignisse in der realen Welt beobachtet hatten.

So sagt Lukas beispielsweise:

»Da es ja viele unternommen haben, eine Erzählung von den Dingen zu verfassen, die unter uns völlig geglaubt werden, so wie es uns die überliefert haben, die von Anfang an Augenzeugen und Diener des Wortes gewesen sind, hat es auch mir gut geschienen, der ich allem von Anfang an genau gefolgt bin, es dir ... der Reihe nach zu schreiben, damit du die Zuverlässigkeit der Dinge erkennst, in denen du unterrichtet worden bist« (Lukas 1,1-4).

Lukas' Absicht war es, sehr sorgfältig tatsächliche historische Fakten zu berichten.

Augenzeugenberichte

Ein Grund, weshalb wir den neutestamentlichen Berichten über Jesus Christus vertrauen können, ist die Tatsache, dass sie sowohl von Augenzeugen selbst als auch unter Verwendung von deren Berichten aufgeschrieben wurden. Der Historiker Dr. Louis Gottschalk sagt in Bezug darauf, wie man die Korrektheit einer Quelle überprüft: »Die Fähigkeit, die Wahrheit zu berichten, ist zum Teil davon abhängig, wie nah der Berichtende an dem Ereignis war. Das Wort *nah* ist hierbei sowohl im geografischen als auch im zeitlichen Sinn gemeint.«[10] Die Schreiber des Neuen Testaments waren nicht aufs Hörensagen angewiesen, sondern berichteten von Ereignissen, die sie persönlich untersucht und in vielen Fällen sogar mit ihren eigenen Augen wahrgenommen hatten:

- In 2. Petrus 1,16 lesen wir: »Denn wir haben euch die Macht und Ankunft unseres Herrn Jesus Christus nicht kundgetan, indem wir ausgeklügelten Fabeln folgten, sondern als solche, die Augenzeugen seiner herrlichen Größe geworden sind.«
- Der 1. Johannesbrief beginnt mit den Worten: »Was von Anfang an war, was wir gehört, was wir mit unseren Augen gesehen, was wir angeschaut und unsere Hände betastet haben, betreffend das Wort des Lebens …«
- Lukas berichtet davon, dass Jesus sich den Aposteln »auch nach seinem Leiden in vielen sicheren Kennzeichen lebend dargestellt hat, indem er ihnen vierzig Tage hindurch erschien« (Apostelgeschichte 1,3).
- In Apostelgeschichte 2,32 bezeugt Petrus: »Diesen Jesus hat Gott auferweckt, *wovon wir alle Zeugen sind*« (Hervorhebung hinzugefügt).
- Johannes schreibt: »Und der es gesehen hat, hat es bezeugt, und sein Zeugnis ist wahr; und er weiß, dass er sagt, was wahr ist« (Johannes 19,35).

Unterstützt wird ihr Zeugnis noch durch die Tatsache, dass die Apostel es ablehnten, ihren Glauben an die Auferstehung Christi zu widerrufen, obwohl sie bedroht, geschlagen, eingesperrt und einige von ihnen sogar wegen dieses ihren Glaubens getötet wurden. Wie die ersten Kapitel der Apostelgeschichte berichten, verkündeten die Apostel den auferstandenen Jesus auch unter Verfolgung. Weil sie so fest an die Auferstehung Jesu glaubten, waren sie bereit, dafür ihr Leben zu riskieren. So wurden z. B. die Apostel in Jerusalem von den religiösen Führern bedroht und ins Gefängnis geworfen wegen ihrer öffentlichen Verkündigung der Auferstehung Jesu. Trotzdem antworteten Petrus und Johannes: »Ob es vor Gott recht ist, auf euch mehr zu hören als auf Gott, urteilt ihr; denn uns ist es unmöglich, von dem, was wir gesehen und gehört haben, nicht zu reden« (Apostelgeschichte 4,19-20).

Es gibt keinen Bericht darüber, dass einer der Apostel widerrufen hätte. Hingegen wissen wir ganz sicher, dass einige den Märtyrertod erlitten.[11] Während dies allein noch nicht beweist, dass die Auferstehung wahr ist, zeigt es doch sehr deutlich, dass die Apostel wirklich daran glaubten. Und sie waren keine Lügner.[12]

Untergraben Widersprüche die historische Glaubwürdigkeit?

Der vielleicht bekannteste Einwand gegen die Vertrauenswürdigkeit der Auferstehungsberichte in den Evangelien ist die Behauptung, dass sie sich gegenseitig widersprechen würden und sie deshalb keine glaubwürdigen historischen Berichte seien. So berichten die vier Evangelien, Maria sei die Erste gewesen, die den auferstandenen Jesus gesehen habe, während wir in 1. Korinther 15,5 lesen, dass Kephas (dies ist der aramäische Name für Petrus) der erste Zeuge gewesen sei. Markus schreibt, dass die Frauen, die zum Grab gingen, um Jesus zu salben, »einen Jüngling zur Rechten sitzen sahen, bekleidet mit einem weißen Gewand« (Markus 16,5). Matthäus schreibt, dass dort ein Engel war mit einem »Gewand, weiß wie Schnee« (Matthäus 28,3), und Lukas berichtet: »... da traten zwei Männer in strahlenden Kleidern zu ihnen« (Lukas 24,4). Widersprechen sich diese Berichte einander nicht hoffnungslos? Und wird dadurch nicht die Glaubwürdigkeit zerstört?

Nein. Aussagen mögen sich unterscheiden und doch keine Widersprüche sein. Auch mag es Erklärungen dieser Unterschiede geben, die deren Wahrheit nicht untergraben. Deshalb liegt die Beweislast immer bei dem, der behauptet, unterschiedliche Aussagen seien unvereinbare Widersprüche.

Obwohl es bezüglich der Berichte in den vier Evangelien einige Schwierigkeiten gibt, sollten die Gelehrten nicht so schnell annehmen, es handle sich hierbei um echte Widersprüche. Die meisten Gelehrten stimmen darin überein, dass das Genre der Evangelien das der antiken graeco-römischen Biografie ist. Dieses Genre erlaubt den Schreibern dieselbe Flexibilität beim Berichten, die sie auch gewöhnlich in ihren täglichen Unterhaltungen an den Tag legen. Lukas zum Beispiel verwendet die Technik des »Teleskopierens« – dabei wird die Zeit komprimiert, um dadurch das Berichten mancher Geschichten zu erleichtern. Vor allem komprimiert er die Zeit der Auferstehung, des Erscheinens des auferstandenen Christus und dessen Himmelfahrt in einer Weise, die den Eindruck erwecken könnte, alle diese Ereignisse hätten sich am Ostersonntag ereignet. Doch das Johannes-Evangelium zeigt, dass alles während eines längeren Zeitabschnitts geschah. Ist das ein Widerspruch? Nein. Vielmehr war diese Komprimierung ein anerkanntes Stilmittel im Genre der graeco-römischen Biografien. Solche Unterschiede als Widersprüche zu erklären, offenbart eher die Unkenntnis solcher Genres, als dass dadurch die Glaubwürdigkeit der Evangelien infrage gestellt würde.

Der Neutestamentler John Wenham (1913 – 1996) bietet in seinem Buch *Easter Enigma* (»Ostergeheimnis«) eine plausible Harmonisierung der Auferstehungsereignisse an. Nach seiner sorgfältigen Untersuchung der Evangelien-Schriften kommt er zu dem Schluss:

> »Ich hegte keine wirklichen Zweifel daran, dass die Evangelien-Schreiber ehrbare und wohlinformierte Leute waren …, aber ich war auch keinesfalls davon überzeugt, dass die Berichte in allen Einzelheiten stimmten. Tatsächlich wurde ich während meiner anfänglichen Studien der Auferstehungsberichte von deren schwer zu handhabenden Art ihrer Widersprüche beeindruckt. …
> Während ich alles las und die griechischen Texte sorgfältig studierte, entdeckte ich, dass viele Teile dieses Puzzle-Spiels zusammenpassten. Jetzt kommt es mir vor, als ob diese Auferstehungsberichte auf bemerkenswerte Weise die wohlbekannten Charakteristika genauer und unabhängiger Berichterstattung offenbaren; denn oberflächlich besehen, zeigen sie große Disharmonie – aber bei genauerer Untersuchung fügt sich alles wunderschön zusammen.«[13]

Trotz der Differenzen offenbart eine genauere Untersuchung der Auferstehungsberichte eine verborgene Harmonie, wie der Philosoph Stephen Davis anmerkt:

> »Trotz der Differenzen bezüglich einiger Einzelheiten stimmen die vier Evangelisten in erstaunlichem Maß in all dem überein, was wir die ›grundlegenden Tatsachen‹ nennen sollten. Alle stimmen sie darin überein, dass *früh am ersten Tag der Woche gewisse Frauen, zu denen auch Maria Magdalene gehörte, zum Grab gingen; sie fanden es leer vor; sie trafen einen oder zwei Engel;*

entweder wurde ihnen gesagt, dass Jesus lebe, oder sie entdeckten dies selbst. Auch gibt es eine überwältigende Übereinstimmung zwischen Johannes und zumindest einem der Synoptiker in jedem der folgenden Punkte: *Die Frauen informierten Petrus und/oder andere Jünger über ihre Entdeckung, Petrus ging zum Grab und fand es leer vor, der auferstandene Jesus erschien den Frauen, und er gab ihnen Anweisungen, was sie den Jüngern von ihm ausrichten sollten.*«[14]

Können offensichtliche Widersprüche eindeutige Beweise liefern?

Richter, Philosophen, Historiker, Journalisten und andere haben herausgefunden, dass offensichtliche Widersprüche, anstatt die Glaubwürdigkeit der Evangelien zu mindern, in Wirklichkeit deren Zuverlässigkeit unterstützen. N. T. Wright bemerkt dazu, dass die Ungenauigkeit und die atemberaubende Qualität der Berichte in den Evangelien in Wirklichkeit deren Wert steigern. »Genauso«, sagt er, »sehen Augenzeugenberichte aus, und so hören sie sich an.«[15]

Dr. Paul Maier kommt zu dem Schluss, dass »Variationen in den Auferstehungsberichten *deren Authentizität zu unterstützen statt zu untergraben scheinen.* Sie demonstrieren, dass es mehrere, voneinander unabhängige Überlieferungen in Bezug auf dasselbe Ereignis gibt, das tatsächlich geschehen sein muss und diese veranlasst hat.«[16]

Wir wollen nun einige dieser Beweise betrachten, die erklärt werden müssen, wenn wir verstehen wollen, was am ersten Sonntag nach Jesu Kreuzigung geschah.

3

Beweise für die Auferstehung

Ist Jesus gestorben, begraben und auferstanden?

Christi Kreuzigung und Tod

Die Juden waren sich dessen bewusst, dass Jesus seine eigene Auferstehung vorhergesagt hatte. Weil sie fürchteten, seine Nachfolger könnten außergewöhnliche Anstrengungen unternehmen, es so aussehen zu lassen, dass Jesus zwar gestorben, aber danach wieder auferstanden sei, trafen sie ebenso außergewöhnliche Vorkehrungen, um sicherzustellen, dass er tot war und tot blieb. Die erste dieser Vorsichtsmaßnahmen war der Tod durch Kreuzigung. Der Tod sollte auf öffentliche, grausame und zuverlässige Weise herbeigeführt werden.

Die Grausamkeit der Kreuzigung

Die Kreuzigung war eine übliche Exekutionsmethode zu jener Zeit, als Jesus als Mensch auf der Erde lebte. Cicero nannte sie »die brutalste und abscheulichste Quälerei« und die »äußerste und ultimative Strafe für einen Sklaven«.[17] Sie war so grausam und entehrend, dass die Römer gewöhnlich römische Bürger davon verschonten und sie für Sklaven und Rebellen reservierten, um Aufrührer abzuschrecken. Sie wurde vor allem in politischen Prozessen angewendet.

»Die Schmerzen waren absolut unerträglich«, merkt der Arzt Dr. Alexander Metherell an. »Tatsächlich waren sie buchstäblich unbeschreiblich, sodass sie ein neues Wort dafür erfinden mussten: *excruciare*. Wörtlich bedeutet das: ›durch das Kreuz hinaus(-befördern)‹. Man bedenke nur: Sie mussten ein neues Wort erfinden, weil es in ihrer Sprache unmöglich war, die ungeheuren Qualen auszudrücken, die eine Kreuzigung verursachte.«[18]

Der Brauch der Geißelung

Nach der gerichtlichen Verurteilung zur Kreuzigung war es üblich, den Verurteilten an eine Säule zu binden. Dem Verbrecher wurde die Kleidung ausgezogen und dann wurde er von den Soldaten heftig ausgepeitscht. Die Evangelien berichten, dass Jesus vor seiner Kreuzigung diese heftige Geißelung erdulden musste (Johannes 19,1; Matthäus 27,26; Markus 15,15).

Die Geißel bestand gewöhnlich aus einem festen Griff, an dem Lederstreifen unterschiedlicher Länge befestigt waren. In die Lederstreifen waren scharfkantige Knochen- und Bleistücke eingewoben. Darüber berichtet ein Artikel im *Journal of the American Medical Association*:

> »Wenn die römischen Soldaten mit der Geißel wiederholt mit voller Wucht auf den Rücken des Opfers schlugen, verursachten die Eisenkugeln starke Blutergüsse, und die Lederstreifen mit ihren Schafsknochen schnitten in die Haut und ins Unterhautgewebe. Wenn dann die Geißelung fortgesetzt wurde, drangen die Verletzungen in die darunterliegenden Skelettmuskeln ein und rissen lange Streifen blutenden Fleisches heraus.«[19]

Ohne ärztliche Versorgung können solche Verletzungen einen Menschen innerhalb von Stunden oder wenigen Tagen töten.

Wie eine Kreuzigung zum Tod führt

Während der Verurteilte am Kreuz hing, war es für ihn äußerst schwierig zu atmen. Um richtig ein- und ausatmen zu können, musste er sich mit seinen Händen und Füßen hochstemmen, was rasende Schmerzen verursachte. Sobald er von solchen Anstrengungen völlig erschöpft war – und auch durch den Blutverlust –, konnte er die Atembewegungen nicht mehr ausführen und musste ersticken.

Wenn die Römer den Tod des Opfers beschleunigen wollten, sah die übliche Methode, die Kreuzigung zu beenden, so aus, dass man ihm mit einer Keule die Beinknochen zertrümmerte, um das Opfer daran zu hindern, sich für das Atemholen aufzurichten. Nachdem die Beine gebrochen waren, stand daher der Tod unmittelbar bevor. Die Beine der beiden mit Jesus gemeinsam gekreuzigten Räuber wurden gebrochen, nicht aber die Beine Jesu, weil die Soldaten gesehen hatten, dass er bereits tot war (Johannes 19,32-33).

Blut und Wasser kamen aus Jesu Wunden

Nachdem man Jesu Tod festgestellt hatte, durchbohrte einer der römischen Soldaten mit einem Speer Jesu Seite, und »sogleich kam Blut und Wasser heraus« (Johannes 19,34-35). Der britische Schriftsteller Michael Green erklärt, was das bedeutet:

»Mit der Autorität eines Augenzeugen wird uns berichtet, dass ›Blut und Wasser‹ aus der durchbohrten Seite

Jesu flossen (Johannes 19,34-35). Offensichtlich maß der Augenzeuge diesem Ereignis große Bedeutung zu. Hätte Jesus noch gelebt, als der Speer seine Seite durchstach, wäre bei jedem Herzschlag ein starker Blutstrahl herausgeschossen. Stattdessen stellte der Beobachter fest, dass ein gleichmäßiges rotes Blutgerinnsel herauslief, unterschieden und getrennt von begleitendem wässrigem Serum. Das ist ein Beweis für massive Klumpenbildung des Blutes in den Hauptschlagadern und ein außergewöhnlich starker medizinischer Beweis für den Tod. Das ist umso beeindruckender, weil der Evangelist kaum verstanden haben konnte, wie bedeutsam dies für einen Pathologen ist. Dass »Blut und Wasser« nach der Durchbohrung seiner Seite mit einem Speer herausflossen, ist ein positiver Beweis dafür, dass Jesus bereits tot war.«[20]

Pilatus verlangte eine Bestätigung des Todes Jesu, bevor er dessen Leib Joseph von Arimathia überließ. Pilatus erlaubte die Herabnahme des Leibes Jesu vom Kreuz erst, als der für die Hinrichtung verantwortliche Hauptmann Jesu Tod bestätigt hatte (Markus 15,43-45).

Jesus war definitiv tot. Die große Mehrheit der Historiker bezweifelt diese Tatsache überhaupt nicht. Dr. Gary Habermas führt aus, dass es bedeutende Beweise für Jesu Tod aus nicht-christlichen Quellen gibt. Zu ihnen gehören Cornelius Tacitus (ca. 58 bis 120 n. Chr.), der von vielen als der größte antike römische Historiker angesehen wird, der jüdische Gelehrte Flavius Josephus (ca. 37 bis 100 n. Chr.) sowie der Talmud (eines der bedeutendsten Schriftwerke des Judentums). Habermas sagt von diesen nicht-christlichen Schriften: »Jesu Tod wird durch zwölf Quellen erwähnt. Diese weltlichen Quellen, die auf eine Zeit etwa zwischen 20 und 150 Jahre nach Jesu Tod zu datieren sind, sind, nach antiken historiografischen Maßstäben beurteilt, sehr frühe Zeugen.«[21]

Die Tatsache der Ermordung Christi ist so sicher wie kaum ein anderes Ereignis, das in der antiken Geschichte berichtet wird. Wir müssen jede Theorie verwerfen, die die Auferstehung dadurch erklären will, dass Jesus irgendwie sein Martyrium überlebt habe, seinen Jüngern als blutendes Wrack erschien und sie dann davon überzeugte, allen Menschen zu erzählen, er sei auferstanden.

Christi Beerdigung

Viele Skeptiker haben sich auf die Ereignisse und Umstände während des Begräbnisses Jesu fokussiert, um einen Haken an der Behauptung zu finden, Jesus sei von den Toten auferweckt worden. Darum ist es wichtig, sorgfältig die historischen Fakten zu betrachten und ihre Echtheit und Glaubwürdigkeit zu prüfen. Wie bereits erwähnt, hatten die Verantwortlichen mehrere Sicherheitsvorkehrungen getroffen, um Berichten von einer Auferstehung Jesu und einer Rückkehr Jesu vom Tod vorzubeugen. Zunächst wollen wir die Tatsachen über das Grab selbst untersuchen.

Ein solides Felsengrab

Alle vier Evangelien berichten, Jesu Leib sei in ein in einen Felsen gehauenes Grab gelegt worden, vor dessen Eingang ein riesiger Stein gewälzt wurde. Matthäus, Lukas und Johannes berichten, dass es ein neues, bisher unbenutztes Grab war (Matthäus 27,60; Lukas 23,53; Johannes 19,41). Matthäus erwähnt, dass dieses Grab Joseph von Arimathia gehörte (Matthäus 27,59-60).

Archäologen haben drei Typen von Felsengräbern entdeckt, die zu jener Zeit benutzt wurden, als Jesus als Mensch auf der Erde lebte. Alle drei Grabtypen wurden mit einem runden, scheibenförmigen, im Durchschnitt etwa zwei Tonnen schweren Stein verschlossen. Jedes Grab hatte an der Vorderseite eine Rinne oder Mulde, die in den Felsen gemeißelt worden war, damit der Stein in ihr rollen konnte. Diese Rinne hatte ihre tiefste Stelle unmittelbar vor dem Eingang und führte von dort aufwärts. Die Steinscheibe wurde an einer höheren Stelle der Rinne durch einen Klotz festgehalten. Entfernte man diesen Klotz, so rollte der Stein leicht hinunter und kam direkt vor dem Eingang zum Stillstand.

Natürlich würde es außerordentlicher Anstrengungen bedürfen, wenn man den in einem solchen Grab begrabenen Leib Jesu herausholen wollte.

Wir haben gewichtige Gründe, den Berichten über die Beerdigung Jesu zu vertrauen, wie sie uns in den Evangelien vorliegen. Erstens bestätigt Paulus die Beerdigungsgeschichte in 1. Korinther 15,3-5. Dort haben wir den abschließenden Beweis dafür, dass Paulus Beweismaterial nutzte, das bis etwa drei bis acht Jahre nach Jesu Tod zurückreicht. Man kann also die Beerdigungsgeschichte so weit bis in die Zeit Jesu zurückverfolgen, dass Legendenbildung tatsächlich unmöglich ist.

Zweitens sind die Berichte über die Beerdigung nicht von Ausschmückungen oder Verschönerungen geprägt. Die Einzelheiten werden in ganz schlichter, schnörkelloser Weise erzählt.

Drittens existieren keine anderslautenden Berichte über die Beerdigung. Es gibt keine Dokumente aus jener Zeit, die die in den Evangelien vorliegenden Berichte über die Beerdigung widerlegen.

Viertens ist es höchst unwahrscheinlich, dass Christen eine historische Gestalt wie Joseph von Arimathia erfinden würden, der doch zum Hohen Rat gehörte, durch den Jesus verurteilt wurde. Aus welchem Grund sollten die ersten Christen aus einem Mitglied genau jenes Gremiums, das für Jesu Tod verantwortlich war, einen Helden machen? Hätten sich die Apostel die Beerdigungsgeschichte ausgedacht, hätten sie keine Gestalt wie Joseph von Arimathia erfunden. Dass alle vier Evangelien Joseph zu denen rechnen, die Jesus beerdigten, verleiht ihnen das Siegel der Authentizität.

Der Neutestamentler Raymond Brown kommt zu dem Schluss: »Dass Jesus beerdigt wurde, ist historisch gesichert ... Dass die Beerdigung durch Joseph von Arimathia geschah, ist sehr wahrscheinlich.«[22]

Jüdische Bestattungsriten

Das Neue Testament macht es sehr deutlich, dass die Beerdigung Christi jüdischen Sitten folgte. Jesus wurde vom Kreuz abgenommen und mit einem Tuch bedeckt. Die Juden achteten streng darauf, dass kein Körper über Nacht am Kreuz hing.

Das Neue Testament berichtet uns, dass zwei Männer, Nikodemus und Joseph von Arimathia, den Leib Christi für die Beerdigung vorbereiteten (Johannes 19,38-42). Nach jüdischer Sitte musste der Leib auf einen Steintisch in der Grabkammer gelegt werden. Zunächst wurde der Leib mit warmem Wasser gewaschen.

Dann war es Sitte, wie es auch im Neuen Testament bestätigt wird, die Leiche mit verschiedenen aromatischen Spezereien zu präparieren. Wir schätzen, dass siebzig bis hundert Pfund dieser Gewürze bei Jesu Bestattung verwendet wurden. Das war für eine Führungsgestalt eine angemessene Menge. Für die Einbalsamierung des Leibes von Gamaliel (Enkel des bekannten jüdischen Lehrers Hillel und ein Zeitgenosse Jesu) wurden 86 Pfund Spezereien verbraucht. Josephus berichtet, dass man, als König Herodes starb, fünfhundert Knechte brauchte, um die Spezereien zu transportieren.[23]

Die Verwendung der Leinentücher

Nachdem alle Teile des Körpers ausgestreckt hingelegt worden waren, wurde die Leiche in Grabgewänder gekleidet, die aus weißem Leinen bestanden. Die Grableinen wurden von Frauen zusammengenäht. Dabei waren keine Knoten erlaubt. Kein Toter konnte in weniger als drei separaten Gewändern beerdigt werden.

Als Nächstes wurden die aromatischen Spezereien, die aus Bruchstücken duftender Hölzer hergestellt und zu einem Puder mit der Bezeichnung *Aloe* zerstampft wurden, mit einer klebrigen Substanz – der Myrrhe – vermischt. An den Füßen beginnend, umwickelte man den Körper mit Leinentuch, wobei man die mit der klebrigen Myrrhe vermischten Spezereien zwischen die Falten legte. Der Körper wurde erst einmal bis zur Achselhöhle umwickelt, dann wurden die Arme an den Körper angelegt. Anschließend wurde der Körper weiter umwickelt bis zum Hals. Ein separates Stück Leinen wurde um den Kopf gewickelt. Die gesamte Umhüllung konnte zwischen 117 und 120 Pfund wiegen.

Johannes Chrysostomos erklärte im 4. Jahrhundert, dass die »Myrrhe ein Mittel war, das so fest am Körper haftete, dass die Grabtücher nur sehr schwer wieder entfernt werden konnten«.[24]

Sicherheitsvorkehrungen

Die römische Wache

Die jüdischen Führer hatten Angst, weil Tausende Menschen Jesus nachgelaufen waren. Um politische Probleme zu vermeiden, war es sowohl für die Römer als auch für die Juden von Vorteil, sicherzugehen, dass Jesus für immer verschwunden blieb. Darum sagten die Hohenpriester und Pharisäer zu Pilatus:

> »Herr, wir haben uns erinnert, dass jener Verführer sagte, als er noch lebte: Nach drei Tagen stehe ich wieder auf. So befiehl nun, dass das Grab gesichert werde bis zum dritten Tag, damit nicht etwa seine Jünger kommen, ihn stehlen und dem Volk sagen: Er ist von den Toten auferstanden; und die letzte Verführung wird schlimmer sein als die erste.
>
> Pilatus sprach zu ihnen: Ihr habt eine Wache; geht hin, sichert es, so gut ihr könnt. Sie aber gingen hin, und nachdem sie den Stein versiegelt hatten, sicherten sie das Grab mit der Wache« (Matthäus 27,63-66).

Die berühmten römischen Legionen waren das Werkzeug, mit dem Caesar die Herrschaft über sein riesiges Weltreich aufrechterhielt. Das römische Weltreich verdankte seine Existenz und Beständigkeit diesen sehr gut trainierten Kämpfern, die zu den großartigsten Kampfmaschinen gehörten, die es jemals gegeben hat.[25]

Viele ausgezeichnete Quellen bestätigen uns die Disziplin des römischen Heeres und berichten uns, dass eine römische Wache eine Einheit von vier bis sechzehn Wachsoldaten war. Jeder von ihnen war darin geübt, etwa zwei mal zwei Meter Boden zu verteidigen, und von sechzehn

Mann erwartete man, dass sie – in Viererreihen im Quadrat aufgestellt –, etwa acht mal acht Meter (= 64 m²) gegen ein ganzes Bataillon verteidigen konnten.

Normalerweise ging eine Einheit, die mit der Bewachung eines Stückes Land beauftragt war, so vor: Vier Männer waren unmittelbar vor dem zu schützenden Objekt platziert. Die anderen zwölf schliefen in einem Halbkreis vor ihnen, mit den Köpfen nach innen gerichtet. Um etwas zu stehlen, was diese Wachen beschützten, hätten Diebe zuerst über die Schlafenden hinwegsteigen müssen. Alle vier Stunden wurde eine andere Einheit von vier Wächtern geweckt, und diejenigen, die bisher gewacht hatten, legten sich schlafen. Auf diese Weise lösten sie einander rund um die Uhr ab.

Das römische Siegel

Matthäus berichtet: »... nachdem sie den Stein versiegelt hatten, sicherten sie das Grab mit der Wache« (Matthäus 27,66). Der Bibellehrer A. T. Robertson erklärt, dass dieses Siegel nur in Gegenwart der diensthabenden römischen Wache am Stein befestigt werden konnte.[26] Damit wurde sichergestellt, dass sich niemand an dem Inhalt des Grabes zu schaffen machen konnte.

Nachdem die Wache das Grab inspiziert und den Stein an Ort und Stelle gebracht hatte, wurde ein Seil über den Stein gespannt. Dieses wurde an beiden Enden mit Siegelton befestigt. Abschließend wurde in die Tonklumpen das offizielle Siegel des römischen Statthalters hineingedrückt.

Weil das Siegel ein römisches war, wurde dadurch bestätigt, dass der Leib Jesu durch nichts Geringeres vor Vandalen beschützt wurde als durch die Macht und Autorität des Römischen Reiches. Jeder, der versucht hätte, den Stein vom Grabeingang fortzubewegen, hätte das Siegel gebrochen und so den Zorn der römischen Gesetzgeber und Machthaber auf sich gezogen.

Tatsachen der Auferstehung, mit denen man rechnen muss

Was immer jemand von Jesus und seiner Auferstehung auch halten mag, so muss er doch anerkennen, dass etwas Bedeutsames an jenem Morgen geschehen sein muss, etwas so Dramatisches, dass es das Leben von elf Männern total veränderte und sie befähigte, Misshandlungen, Leiden und in vielen Fällen sogar den Tod zu erdulden. Dieses »Etwas« war ein leeres Grab! Ein leeres Grab, zu dem ein viertelstündiger Spaziergang vom Zentrum Jerusalems führte, sodass man es leicht bestätigen oder widerlegen konnte!

Die Berichte von dem leeren Grab und von den Erscheinungen des auferstandenen Jesus Christus haben die Grundlagen des menschlichen Denkens erschüttert und den Lauf der Geschichte bis heute gestaltet. Offensichtlich war etwas geschehen, etwas ganz Großes!

Falls Sie die Ereignisse um Christi Tod und Auferstehung wegdiskutieren wollen, müssen Sie mit gewissen Unwägbarkeiten fertigwerden. Sowohl Juden als auch Römer trafen viele Sicherheitsmaßnahmen, um sicherzustellen, dass Jesus tot war und in dem Grab blieb. Die Tatsache, dass trotz ihrer Vorkehrungen – Kreuzigung, Begräbnis, Versiegelung und Bewachung des Grabes – das Grab am Ende leer war, macht es den Kritikern sehr schwer, ihre Behauptung zu verteidigen, dass Jesus Christus nicht von den Toten auferstanden sei.

Wir wollen uns einige dieser Ereignisse noch einmal

anschauen und dann einige Schlüsse bedenken, die sich aus ihnen ergeben:

Tatsache Nr. 1: Das römische Siegel war gebrochen.

Am Ostermorgen war das Siegel gebrochen, das für die Macht und Autorität des Römischen Reiches stand. Niemand leugnet diese Tatsache. Die Konsequenzen, die das Brechen eines Siegels nach sich zog, waren schwerwiegend. Wenn die dafür verantwortliche Person oder Personengruppe ertappt wurde, wurde sie sehr schwer bestraft. Hätten Christi Jünger gewagt, dieses Siegel zu brechen? Kaum! Nach der Verhaftung Jesu sehen wir bei ihnen Anzeichen von Verwirrung und Angst. Petrus hatte sogar geleugnet, Christus überhaupt zu kennen.

Tatsache Nr. 2: Das Grab war leer.

Eine weitere offensichtliche Tatsache an jenem Sonntagmorgen war das leere Grab. Es ist bedeutsam, dass die plötzlich mutig gewordenen Jünger Jesu Christi nicht nach Athen oder Rom aufgebrochen sind, um dort zu verkündigen, dass Christus auferstanden sei. Stattdessen gingen sie nach Jerusalem zurück. Dort hätte man ihre neue Botschaft leicht widerlegen können. Die Behauptung, Jesus Christus sei auferstanden, hätte in Jerusalem keinen Augenblick lang aufrechterhalten werden können, wenn das Grab nicht wirklich leer gewesen wäre. Paul Maier erklärt dazu:

> »Was in Jerusalem sieben Wochen nach dem ersten Ostern [d.h. an Pfingsten] geschah, konnte nur stattfinden, wenn Jesu Leib auf irgendeine Weise aus Josephs Grab verschwunden war; denn sonst hätte die Tempel-

Elite – wegen ihrer ernsten Auseinandersetzungen mit den Aposteln –, die gesamte Bewegung ganz einfach zum Erliegen gebracht, indem sie einen kurzen Ausflug zum Grab des Joseph von Arimathia gemacht und das einzig wichtige Beweisstück gezeigt hätten. Doch dies taten sie nicht – weil sie wussten, dass das Grab leer war. Ihre offizielle Erklärung, dass die Jünger den Leichnam gestohlen hatten, war ein Eingeständnis, dass das Grab tatsächlich leer war.«[27]

Einige haben gegen die Geschichte vom leeren Grab eingewendet, sie habe sich aus einer Legende entwickelt oder sei eher ein apologetisches Mittel als eine historische Tatsache. Aber einer der überzeugendsten Beweise, der zeigt, dass die Geschichte vom leeren Grab weder ein apologetisches Mittel noch eine Legende war, ist die Tatsache, dass das leere Grab zuerst von Frauen entdeckt wurde. Im Israel des 1. Jahrhunderts hatten die Frauen einen niedrigen sozialen Stand als Bürgerinnen und auch als Zeuginnen vor Gericht. Außer bei wenigen Gelegenheiten durften gemäß der jüdischen Gesetzgebung Frauen vor Gericht keine Zeugenaussagen machen. Warum sollten Leute, die das Christentum fördern wollten, eine Legende erfinden, mit der man die Jünger in Verlegenheit brachte, wo diese doch die wichtigsten Befürworter des neuen Glaubens waren? Warum erzählte man, die Jünger seien während der Kreuzigung geflohen, während die Frauen mutig zum Grab gingen und als Erste das leere Grab bezeugten? Eine solche Legende hätte ihren Zweck, die Sache Jesu voranzutreiben, sehr schlecht erfüllt. Der gesunde Menschenverstand sagt uns: Der beste Grund dafür, dass von den Frauen erzählt wird, sie seien die ersten Zeugen der Auferstehung, ist der, dass dies die Wahrheit ist.

Tatsache Nr. 3: Die römische Wache entfernte sich unerlaubt von dem Ort, für den sie verantwortlich war.
Die römischen Soldaten haben ihre Pflicht verletzt. Das ist eine sehr eigenartige Sache, die erklärt werden muss.

Dr. George Currie hat die militärische Disziplin der Römer genau studiert. Er berichtet, dass auf einer Reihe von Pflichtverletzungen die Todesstrafe stand, wie zum Beispiel auf Flucht oder wenn man seine Waffen verlor oder sonst wie weggab, wenn man Pläne an Feinde verriet oder einen Offizier nicht beschützen wollte oder die Nachtwache verließ.[28] Zu den oben genannten Verfehlungen können wir auch das Einschlafen während der Wache hinzufügen (Matthäus 28,13). Wenn nicht ersichtlich war, welcher Soldat seine Pflicht verletzt hatte, wurde gelost, wer für das Versagen der betreffenden Wacheinheit mit dem Tod bestraft werden sollte.

Eine Art, einen Wachsoldaten hinzurichten, bestand darin, ihm seine Kleidung auszuziehen und ihn lebendig in dem Feuer zu verbrennen, das man an seiner Kleidung entzündet hatte. Die Geschichte der römischen Disziplin in Bezug auf den Wach- und Sicherheitsdienst spricht sehr für die Tatsache, dass diese Soldaten niemals ihren Posten verlassen hätten, wenn das Grab nicht leer gewesen wäre. Die Furcht vor dem Zorn ihrer Vorgesetzten und die drohende Todesstrafe deuten an, dass sie alles, was ihnen befohlen wurde, bis in die kleinsten Einzelheiten genauestens einhielten.

Dr. Bill White, der seinerzeit für das Gartengrab in Jerusalem verantwortlich war, hat die Auferstehung und die darauf folgenden Ereignisse am ersten Ostertag genauestens untersucht. White machte einige kritische Anmerkungen zu der Tatsache, dass die jüdischen Behörden die römische Wache bestochen haben (Matthäus 28,11-14).

»Wenn der Stein einfach nur auf eine Seite des Grabes gerollt worden wäre, damit man das Grab betreten konnte, hätten sie das Recht gehabt, die Wachsoldaten zu beschuldigen, auf ihren Posten geschlafen zu haben, und sie dafür schwer zu bestrafen. Wenn die Männer protestiert hätten, dass das Erdbeben das Siegel gebrochen habe und dass der Stein durch die Erschütterungen weggerollt sei, hätten sie immer noch mit einer Strafe rechnen müssen, da man ihre Flucht als Feigheit hätte auslegen können.

Aber diese Möglichkeiten treffen hier nicht zu. Es gab einige unleugbare Beweise, die es den Hohenpriestern unmöglich machten, irgendeine Beschuldigung gegen die Wache vorzubringen. Die jüdischen Behörden müssen den Ort besichtigt, den Stein untersucht und aufgrund der Position des Steines dann erkannt haben, dass es für Menschen unmöglich war, diesen Stein so fortzubewegen. Keine noch so schlaue Verdrehung von Tatsachen konnte eine angemessene Antwort ersinnen oder einen Sündenbock präsentieren, und so waren sie gezwungen, die Wache zu bestechen und zu versuchen, die Sache zu vertuschen.«[29]

Tatsache Nr. 4: Die Grabtücher erzählten eine Geschichte.

Obwohl sich an jenem Sonntag kein Leichnam in Christi Grab befand, war das Grab nicht völlig leer. Es enthielt ein erstaunliches Phänomen. Nachdem die Frauen das Grab aufgesucht und den weggerollten Stein gesehen hatten, liefen sie zurück und berichteten dies den Jüngern. Daraufhin liefen Petrus und Johannes zum Grab. Johannes lief schneller als Petrus, aber er ging, nachdem er bei dem Grab angekommen war, nicht hinein. Stattdessen bückte er sich und schaute hinein und sah etwas so Erstaunliches, dass er sofort glaubte, dass Jesus Christus tatsächlich von den Toten auferstanden war.

Er blickte hinüber zu der Stelle, wo der Leib Jesu gelegen hatte. Was er sah, waren die leeren Grabtücher. Nichts weiter! Das hat er nie wieder vergessen können.

Das Erste, was in den Köpfen der Jünger hängen blieb, war nicht das leere Grab, sondern die leeren Grabtücher. Michael Green bemerkt dazu passend: »Kein Wunder, dass sie überzeugt und von Ehrfurcht erfüllt waren. Kein Grabräuber wäre in der Lage gewesen, etwas so Erstaunliches zu tun, und nie wäre ihm so etwas auch nur in den Sinn gekommen. Er hätte einfach den Leichnam mitgenommen samt den Grabtüchern und allem anderen.«[30]

Tatsache Nr. 5: Jesu Erscheinungen wurden bestätigt.

Nur wenige Gelehrte bezweifeln heute, dass die Jünger mindestens *glaubten*, den Auferstandenen gesehen zu haben. Der Bibellehrer Reginald Fuller ist davon überzeugt, dass »innerhalb weniger Wochen nach der Kreuzigung Jesu die Jünger zum Glauben fanden. Das ist eine nicht wegzudiskutierende Tatsache der Geschichte.«[31] Was sollte die Jünger zu diesem Glauben veranlasst haben? Seit den Anfängen des Christentums wurde behauptet, dass Jesus seinen Nachfolgern persönlich erschienen ist.

Wenn man ein geschichtliches Ereignis studiert, ist es wichtig, herauszubekommen, ob noch genügend Beteiligte oder Augenzeugen des Ereignisses am Leben waren, als die Tatsachen über dieses Ereignis veröffentlicht wurden. Eine größere Anzahl von Zeugen hilft, die Genauigkeit des veröffentlichten Berichts zu erhöhen.

In einem der frühesten Berichte von Jesu Erscheinen nach seiner Auferstehung sagt Paulus in 1. Korinther 15,3-8:

»… ich habe euch zuerst überliefert, was ich auch empfangen habe: dass Christus für unsere Sünden gestorben ist nach den Schriften; und dass er begraben wurde und dass er auferweckt worden ist am dritten Tag nach den Schriften; und dass er Kephas erschienen ist, dann den Zwölfen. Danach erschien er mehr als fünfhundert Brüdern auf einmal, von denen die meisten bis jetzt übrig geblieben, einige aber auch entschlafen sind. Danach erschien er Jakobus, dann den Aposteln allen; am Letzten aber von allen, gleichsam der unzeitigen Geburt, erschien er auch mir« (1. Korinther 15,3-8).

Praktisch alle Gelehrten sind sich darin einig, dass Paulus mit diesen Versen ein uraltes Glaubensbekenntnis oder eine Tradition wiedergibt, die älter ist als die Abfassung des 1. Korintherbriefes (in den 50er-Jahren des 1. Jahrhunderts). Tatsächlich datieren viele Gelehrte, die dieses Glaubensbekenntnis untersucht haben, es in die Zeit von drei bis acht Jahren nach der Kreuzigung Jesu. Man geht davon aus, Paulus habe dieses Glaubensbekenntnis erhalten, als er Petrus und Jakobus drei Jahre nach seiner Bekehrung in Jerusalem besucht hatte, was wiederum ein bis vier Jahre nach der Kreuzigung stattfand (Galater 1,18-19). Darum behauptet der Historiker Hans von Campenhausen auch, »dass dieser Text allen Anforderungen an historische Glaubwürdigkeit entspricht, die man an einen solchen Text stellen kann«.[32]

In diesen Versen an die Christen in Korinth appelliert Paulus an ihr Wissen um die Tatsache, dass Jesus Christus von mehr als fünfhundert Menschen auf einmal gesehen wurde. Paulus erinnert sie daran, dass die meisten dieser Menschen noch lebten und gefragt werden konnten. Diese Aussage ist ein so starker Beweis für ein Ereignis, das vor zweitausend Jahren geschah, wie man überhaupt nur zu finden hoffen kann.

Es ist so, wie der Neutestamentler C. H. Dodd anmerkte: »Hinter der Erwähnung der Tatsache, dass die meisten der fünfhundert Menschen noch leben, kann kaum eine andere Absicht bestehen, als damit zu verstehen zu geben: ›Die Zeugen stehen bereit, um befragt zu werden.‹«[33]

Zu diesen Zeugen gehören auch Menschen, die der Auferstehung feindlich oder skeptisch gegenüberstanden. Niemand, der Bescheid wusste, hätte Saulus von Tarsus zu den Nachfolgern Jesu Christi gerechnet. Er verachtete Jesus Christus und verfolgte die Christen mit der Absicht, die gesamte christliche Bewegung endgültig zum Erliegen zu bringen. Trotzdem wurde Saulus, dessen Name später in Paulus verändert wurde, einer der größten Propagandisten des Christentums in der ganzen Geschichte. Was musste geschehen, um diese radikale Veränderung zu verursachen? Nichts Geringeres als eine persönliche Begegnung mit dem auferstandenen Jesus war dazu nötig (1. Korinther 9,1; Apostelgeschichte 22,4-21).

Schauen wir uns einmal Jakobus an, den leiblichen Halbbruder Jesu. Die Evangelien machen deutlich, dass keiner der Halbbrüder Jesu an ihn glaubte, als Jesus als Mensch auf der Erde lebte (Johannes 7,5; Markus 3,21-35). Tatsächlich versuchten sie, Jesus zu einem öffentlichen Fest in Jerusalem und damit in eine tödliche Falle zu locken. Später wurde Jakobus ein Nachfolger Jesu und schloss sich der Gruppe der Christen an, die doch um Christi willen verfolgt wurden. Er wurde zu einer Schlüsselfigur der christlichen Gemeinde und schließlich zu einem der frühen Märtyrer, wie es uns von Josephus, Hegesippus und Clemens von Alexandria bestätigt wird. Was war die Ursache für einen solchen Gesinnungswandel? War es nicht deshalb, weil auch Jakobus den auferstandenen Jesus gesehen hat?

Versuche, die Auferstehung »wegzudiskutieren«

Viele Theorien wurden aufgestellt, die zeigen sollten, dass die Auferstehung Jesu Christi ein Betrug sei. Weil die meisten Tatsachen im Umfeld der Auferstehung unzweifelhaft sind, beruhen diese Versuche auf unterschiedlichen Auslegungen dieser Tatsachen, indem man entweder auf legendenhafte und mythische oder auch auf naturalistische Erklärungen zurückgreift. Nur wenige Skeptiker leugnen die wesentlichen Ereignisse – die Verurteilung, die Kreuzigung, die Beerdigung, die Wache oder das leere Grab –, weil die historischen Beweise zu stark sind. Sie leugnen einfach, dass diese Ereignisse bedeuteten, ein Toter sei wieder lebendig geworden. Man könnte ihre Haltung so zusammenfassen: »Ja, aber man sollte dafür irgendeine andere Erklärung finden.«

Es gehört mehr Glauben dazu, eine dieser Theorien anzunehmen, als die Erklärung anzunehmen, die uns im Neuen Testament angeboten wird. Wir setzen uns mit einigen dieser Theorien in dem Buch *Die Tatsache der Auferstehung* auseinander. Im vorliegenden Buch wollen wir nur feststellen, dass eine Theorie alle Tatsachen erklären muss, einschließlich der Bereitschaft aller Apostel, für ihren Glauben, dass Jesus am dritten Tag leibhaftig auferstanden ist, zu leiden und zu sterben. Wenn die Auferstehung nur eine von ihnen verbreitete Falschmeldung war, aus welchem Grund sollten sie dann bereit sein, dafür willig zu leiden und zu sterben? Einige haben vorgeschlagen, die Apostel seien unter eine Art Massen-Halluzination geraten, doch die Psychologen erklären uns, dass Halluzinationen nur persönliche Erfahrungen seien und es unmöglich sei, dass eine ganze Gruppe dieselben Halluzinationen habe. Andere alternative Erklärungen passen ebenso wenig zu den Tatsachen.

4

Was kommt als Nächstes?

Welchen Wert haben die in diesem Buch vorgelegten Beweise für die Auferstehung Jesu für Sie persönlich? Welche Entscheidung treffen Sie angesichts der Tatsache, dass das Grab Jesu leer war? Was halten Sie von Jesus Christus?

Als ich (Josh) mit den überwältigenden Beweisen für Christi Auferstehung konfrontiert war, musste ich mir die logische Frage stellen: »Welchen Unterschied macht es für mein Leben, ob ich glaube, Christus sei wegen meiner Sünden am Kreuz gestorben und dann wieder auferstanden, oder ob ich das nicht glaube?«

Damit Sie (oder auch jeder andere Mensch) diese Frage beantworten können, müssen Sie sich mit den Worten Jesu auseinandersetzen, die er zu seinen Jüngern sprach: »Ich bin der Weg und die Wahrheit und das Leben. Niemand kommt zum Vater als nur durch mich« (Johannes 14,6). Der Apostel Petrus hat diese deutliche Aussage seines Meisters noch unterstrichen, als er sagte, dass Jesus Christus der »Stein [ist], der von euch, den Bauleuten, verachtet, der zum Eckstein geworden ist. Und es ist in keinem anderen das Heil [= die Rettung], denn es ist auch kein anderer Name unter dem Himmel, der unter den Menschen gegeben ist, in dem wir errettet werden müssen« (Apostelgeschichte 4,10-11).

Jesus erhebt den Anspruch, der einzige Mittler und der einzige Weg zu sein, durch den wir in eine Beziehung zu Gott dem Vater treten können. Der Grund, weshalb unsere Beziehung zu Gott wiederhergestellt werden muss, ist unsere Sünde. Nach Römer 3,23 haben *alle* – das schließt einen *jeden Einzelnen von uns* ein – gesündigt und erreichen nicht die vollkommenen moralischen Ansprüche Gottes. Als Folge davon sind wir von einem heiligen Gott getrennt und müssen die Strafe für unsere eigenen Sünden tragen, was ewige Trennung von Gott bedeutet. Doch die bewundernswürdige Wahrheit der »Frohen Botschaft«, also des Evangeliums, lautet: Wir können Frieden mit Gott haben, wenn wir über unsere Sünden Buße tun und an den Herrn Jesus Christus glauben (Römer 5,1). Aufgrund der überwältigenden Beweise für die Auferstehung Christi und in Anbetracht dessen, dass Jesus Vergebung der Sünden und eine ewig währende Beziehung zu Gott anbietet, sollte es doch niemanden geben, der so töricht ist, dies alles auszuschlagen!

Jesus Christus lebt! Er lebt jetzt! Die vernünftigste Antwort auf diese Tatsache besteht darin, dass Sie Jesus Christus Ihr Leben anvertrauen und dann die persönliche Veränderung erleben, die nur er bewirken kann.

Wie Sie auf das reagieren können, was Jesus für Sie getan hat

Sie können persönlich auf das reagieren, was Jesus Christus durch seinen Tod und seine Auferstehung getan hat, indem Sie ihn als Ihren Herrn und Retter annehmen. Wenn Sie dies tun, haben Sie eine ewige Gemeinschaft mit Gott.

Die Bibel sagt, dass der Mensch nicht ein Produkt des Zufalls, sondern ein Geschöpf Gottes ist. Deshalb kann auch nur er, der uns geschaffen hat, *zuverlässige* Aussagen über unser Woher, Wohin und Wozu machen.

Gott hat den Menschen geschaffen,

- um seine Schöpfung zu bebauen und zu bewahren (1. Mose 1,28; 2,15),
- um ihn zu ehren und ihm zu danken (Römer 1,21),
- um ihn zu lieben aus ganzem Herzen, ganzer Seele und mit allen Kräften und seinen Nächsten wie sich selbst (Markus 12,30-31).

Der Mensch, anfangend von Adam und Eva, hat jedoch den Herrschaftsanspruch Gottes abgelehnt, wollte sein wie Gott und sein Leben ohne Gott und nach eigenem Gutdünken gestalten.

Sünde – was ist das?

Diese Auflehnung gegen Gott, der Anspruch, das Leben unabhängig und in eigener Regie zu leben, ist die eigentliche Sünde des Menschen. Durch sie ist er aus der Gemeinschaft mit Gott gefallen und lebt seitdem getrennt von ihm. Aus diesem *Zustand* der Sünde kommen dann die einzelnen sündigen *Taten*.

Durch die Sünde ist der Mensch also

- getrennt von Gott (Jesaja 59,2),
- »tot« in Gottes Augen (Epheser 2,1),
- ein Feind Gottes (Römer 5,10),
- unfähig, Gott zu gefallen (Römer 8,8),
- zur ewigen Trennung von Gott, zur ewigen Verdammnis verurteilt (Römer 6,23).

Alle seine religiösen Kraftanstrengungen und Versuche, diese Trennung von Gott zu überwinden, scheitern an der völligen Sündhaftigkeit und Verderbtheit des Menschen. Durch die Sünde befindet er sich wie in einem Sumpf, aus dem er sich durch eigene Kraft nicht retten kann.

Wozu Jesus Christus?

Gott allein, dessen Wesen sowohl absolute Heiligkeit und Gerechtigkeit als auch absolute Liebe und Gnade ist, konnte eine Brücke zum Menschen bauen. Er wusste einen Weg, um die Menschen, die er liebte, zu retten, ohne dabei seine Heiligkeit aufzugeben.

Gottes Gerechtigkeit forderte eine gerechte Strafe für die Sünden, und so gab es nur *einen* Weg zur Errettung und Erlösung des Menschen: Ein Mensch ohne Sünde musste stellvertretend die Sünden der Menschen tragen, die sich retten lassen würden.

Dieser Mensch war Jesus Christus, der Sohn Gottes. Er kam auf diese Erde, um auf Golgatha stellvertretend unsere Sünden auf sich zu nehmen. Dort wurde der Sohn Gottes von hasserfüllten Menschen ans Kreuz genagelt und unsagbar verspottet und misshandelt. Aber an diesem Kreuz hat Gott unsere Schuld an Jesus Christus gerichtet.

Wie ein Blitzableiter den vernichtenden Blitz auf sich zieht und ableitet, so hat der Herr Jesus Christus den gerechten Zorn Gottes über unsere Sünden auf sich geladen und dadurch unsere Errettung möglich gemacht.

> »... der keine Sünde tat, noch wurde Trug in seinem Mund gefunden, der, gescholten, nicht wiederschalt, leidend, nicht drohte, sondern sich dem übergab, der gerecht richtet; der selbst unsere Sünden an seinem Leib auf dem Holz getragen hat ...« (1. Petrus 2,22-24).

»Den, der Sünde nicht kannte, hat er für uns zur Sünde gemacht, damit wir Gottes Gerechtigkeit würden in ihm« (2. Korinther 5,21).

»Denn so hat Gott die Welt geliebt, dass er seinen eingeborenen Sohn gab, damit jeder, der an ihn glaubt, nicht verloren gehe, sondern ewiges Leben habe« (Johannes 3,16).

Damit ist Jesus Christus der einzige Weg zu Gott, die einzige Möglichkeit, mit Gott versöhnt zu werden. Er sagt von sich:

»Ich bin der Weg und die Wahrheit und das Leben. Niemand kommt zum Vater als nur durch mich« (Johannes 14,6).

Petrus stellt klar:

»… es ist in keinem anderen das Heil, denn es ist auch kein anderer Name unter dem Himmel, der unter den Menschen gegeben ist, in dem wir errettet werden müssen« (Apostelgeschichte 4,12).

Glauben – was heißt das?

Das Opfer Jesu Christi wird aber nicht automatisch jedem Menschen angerechnet. Die Voraussetzung für die Vergebung der Sünden ist der persönliche Glaube an Jesus Christus.

Glaube ist nicht nur ein Für-wahr-halten von Tatsachen, sondern ein überzeugtes Gott-recht-geben und völliges Vertrauen auf Gottes Zusage.

Zuerst gebe ich Gott recht, indem ich bekenne,

- dass ich ein Sünder bin,
- dass ich als gerechten Lohn für meine Sünden die ewige Verdammnis verdient habe.

Glauben heißt danach aber auch, mich einzig auf den Herrn Jesus und sein Werk zu stützen und die zugesprochene Vergebung der Sünden dankbar anzunehmen.

Christus, der nicht lügen kann, auf dessen Wort ich mich also absolut verlassen kann, sagt:

»Wer mein Wort hört und dem glaubt, der mich gesandt hat, hat ewiges Leben und kommt nicht ins Gericht, sondern ist aus dem Tod in das Leben übergegangen« (Johannes 5,24).

In Bezug auf Christus gilt, was der Apostel Johannes schreibt:

»Wenn wir unsere Sünden bekennen, so ist er treu und gerecht, dass er uns die Sünden vergibt und uns reinigt von aller Ungerechtigkeit« (1. Johannes 1,9).

Praktisch sieht das so aus:

1. im Gebet Gott meinen sündigen Zustand und meine Sünden bekennen;
2. Gott um Vergebung bitten;
3. Gottes Zusage der Vergebung durch das Opfer Jesu Christi im Glauben annehmen und ihm für die für mich vollbrachte Erlösung danken;
4. Jesus Christus als Herrn meines Lebens anerkennen und ihm die Führung meines Lebens anvertrauen.

In dem Augenblick, in dem ich aufrichtig zu Gott umkehre, meine Schuld bekenne und im Vertrauen auf das Blut des Herrn Jesus seine Vergebung annehme, bewirkt Gott in mir eine »neue Geburt« (Johannes 3,5).

Damit schenkt Gott mir unter anderem:

- Erlösung (Epheser 1,7; 1. Petrus 1,18-19),
- Vergebung (Epheser 1,7; 1. Johannes 1,9),
- Rechtfertigung (Römer 3,23-28; 5,1),
- Gotteskindschaft (Johannes 1,12; 1. Johannes 3,1),
- ewiges Leben (Johannes 3,14-16; 5,24; 6,40; 10,27-29).

Wie lebe ich als Christ?

Dieses von Gott geschenkte neue Leben muss nun genährt, gestärkt und gepflegt werden.

Kennzeichen eines gesunden Glaubenslebens:

1. Lesen und Studieren der Bibel
Die Bibel ist das verbindliche, inspirierte Wort Gottes. Sie ist der Maßstab und die Nahrung des neuen Lebens. Gott spricht durch dieses Buch zu uns und möchte uns mit dem Reichtum der ewigen Dinge und mit seinen Gedanken und Absichten vertraut machen.

So, wie unser Körper regelmäßig Speise benötigt, um wachsen und funktionieren zu können, braucht das geistliche Leben das Wort Gottes als Nahrung zu einem gesunden Wachstum (Matthäus 4,4; 1. Petrus 2,2; 2. Timotheus 3,15-17).

2. Beten
Gott redet durch sein Wort zu uns, und wir dürfen im Gebet zu ihm sprechen und unseren Dank, unsere An-

betung, Bitten und Anliegen ausdrücken. Gott hört und erhört Gebet. Wir können zu jeder Zeit und in jeder Situation beten (1. Thessalonicher 5,17; Epheser 6,18).

3. *Gemeinschaft pflegen*
Der Christ ist kein Einzelgänger, sondern gehört zur Schar derer, die als Erlöste die Gemeinde Gottes bilden. Diese Gemeinde wird in der Bibel auch mit einem Leib verglichen, an welchem jeder von Neuem Geborene ein Glied ist und eine bestimmte Aufgabe hat.

Die Gemeinschaft mit Christen, die Jesus Christus als ihren Retter und Herrn kennen und lieben und die Bibel ohne Einschränkung als alleinigen Maßstab für ihr Leben anerkennen, ist deshalb ein weiteres, wichtiges Element im Leben eines Christen (1. Korinther 12,12; Hebräer 10,25).

4. *Den Herrn bekennen*
Der Glaube soll in unseren Worten und Taten zum Ausdruck kommen. Christsein ist keine Privatsache. Gott möchte, dass wir uns eindeutig auf seine Seite stellen und unseren Mitmenschen durch Wort und Tat ein Wegweiser zu Jesus Christus sind.

Dieser Welt, die unseren Herrn Jesus gekreuzigt hat, dürfen wir die Frohe Botschaft von der Liebe Gottes in Jesus Christus weitersagen (Matthäus 10,32; Römer 10,8-10).

»So sind wir nun Gesandte für Christus, als ob Gott durch uns ermahnte; wir bitten an Christi statt: Lasst euch versöhnen mit Gott!« (2. Korinther 5,20).

»Seid jederzeit bereit zur Verantwortung gegen jeden, der Rechenschaft von euch fordert über die Hoffnung, die in euch ist« (1. Petrus 3,15).

Endnoten

1 »SuperNinjette«, Nachricht gepostet auf www.atheistnetwork.com am 16. Juli 2007.
2 »Alle Mühen aller Zeitalter, alle Hingabe, alle Inspiration, alles helle Mittagslicht des menschlichen Genies sind dazu bestimmt, zugrunde zu gehen ... dass der gesamte Tempel menschlichen Schaffens unabwendbar begraben wird ... Nur innerhalb des Rahmens dieser Wahrheiten, nur auf der festen Grundlage *nie nachlassender Verzweiflung* kann die Wohnung der Seele von nun an gebaut werden.« Bertrand Russell, *A Free Man's Worship* (o. O. 1903).
3 N. T. Wright, *The Challenge of Jesus* (Downers Grove, IL: InterVarsity Press, 1999), S. 126.
4 Diese Punkte sind aus Stephen T. Davis, *Risen Indeed* (Grand Rapids: Eerdmans 1993), S. 203-204, entnommen.
5 Craig Blomberg, *The Historical Reliability of the Gospels* (Downers Grove, IL: InterVarsity Press, 1987), S. 73.
6 Ross Clifford, *Leading Lawyers' Case for the Resurrection* (Edmonton, Alberta: Canadian Institute for Law, Theology & Public Policy, 1996), S. 104-105, Hervorhebung hinzugefügt.
7 Blomberg, *Historical Reliability of the Gospels*, S. 75-76.
8 Norman L. Geisler, *Miracles and Modern Thought* (Grand Rapids: Zondervan, 1982), S. 58.
9 Ronald Sider, »A Case for Easter«, HIS (April 1972), S. 27-31.
10 Louis Gottschalk, *Understanding History*, 2. Auflage (New York: Knopf, 1969), S. 150.
11 Sean McDowell, *The Fate of the Apostles* (Farnham, UK: Ashgate Press, 2015).
12 Weitere Einzelheiten zur Zuverlässigkeit der neutestamentlichen Manuskripte finden Sie in unserem Buch *Die Bibel im Test: Tatsachen und Argumente für die Wahrheit der Bibel* (Bielefeld: CLV, 2002; die überarbeitete Neuauflage des amerikanischen Originaltitels trägt den Titel *Evidence That Demands A Verdict: Life-Changing Truth for a Skeptical World* [Nashville: Thomas Nelson, 2017]).
13 John Wenham, *Easter Enigma* (Oxford, UK: Paternoster Press, 1984), S. 10-11. Einen weiteren Versuch einer Harmonisierung finden Sie in dem Buch *Jesus Christ: The Greatest*

Life Ever Lived, zusammengestellt und übersetzt von Johnston M. Cheney und Stanley Ellisen (Eugene, OR: Paradise Publishing, 1994), eine überarbeitete Fassung des Buches *The Life of Christ in Stereo* (Portland, OR: Western Baptist Seminary Press, 1969).

14 Stephen T. Davis, *Risen Indeed* (Grand Rapids: Eerdmans, 1993), S. 69, Hervorhebungen hinzugefügt.

15 N. T. Wright, »The Transformation of the Bodily Resurrection«, in: *The Meaning of Jesus: Two Visions*, Marcus Borg und N. T. Wright (New York: Harper San Francisco, 2000), S. 121-122.

16 Paul Maier, *In the Fullness of Time: A Historian Looks at Christmas, Easter, and the Early Church* (Grand Rapids: Kregel, 1998), S. 180, Hervorhebung hinzugefügt.

17 Cicero, *V in Verrem*.

18 Zitiert in: Lee Strobel, *The Case for Christ* (Grand Rapids: Zondervan, 1998), S. 197-198.

19 William D. Edwards, Wesley J. Gabel, and Floyd E. Hosmer, »On the Physical Death of Jesus Christ«, *Journal of the American Medical Association* 255, Nr. 11 (21. März 1986).

20 Michael Green, *Man Alive!* (Downers Grove, IL: InterVarsity Press, 1968), S. 33.

21 Gary R. Habermas, »Why I Believe the New Testament Is Historically Reliable«, in: *Why I Am a Christian: Leading Thinkers Explain Why They Believe*, hrsg. von Norman L. Geisler und Paul K. Hoffman (Grand Rapids: Baker Books, 2001), S. 150.

22 Raymond E. Brown, *The Death of the Messiah*, Bd. 2 (New York: Doubleday, 1994), S. 1240.

23 Will Durant, *Caesar and Christ* (New York: Simon and Schuster, 1944), S. 572.

24 Chrysostom, *Homily 90 on Matthew*, http://www.newadvent.org/fathers/200190.htm (abgerufen am 02.01.2018).

25 Die Bedeutung des römischen Heeres wird von Flavius Vegitius Renatus hervorgehoben. Er war Militärhistoriker und lebte mehrere Jahrhunderte nach jener Zeit, als Jesus als Mensch auf der Erde lebte. In seinem Werk *De Re Militari* (engl. Übersetzung *[The Military Institutions of the Romans]* unter https://archive.org/details/pdfy-sOkC3FmoLlr4C6zz

[abgerufen am 03.01.2018]) beschreibt Vegitius das Geheimnis der Erfolge des römischen Heeres: »Im Krieg zu siegen, hängt nicht allein von den Zahlen und der bloßen Tapferkeit ab; nur Übung und Disziplin stellen den Sieg sicher. Wir haben herausgefunden, dass die Römer die Eroberung der Welt keiner anderen Ursache verdanken als einzig dem unablässigen militärischen Training, dem unbedingten Einhalten der Disziplin in ihren Lagern und der unermüdlichen Kultivierung der übrigen Kriegskünste.«

26 Archibald Thomas Robertson, *Word Pictures in the New Testament*, 6 Bände (Nashville: Broadman Press, 1930), Bd. 1, S. 238-239.

27 Paul Maier, »The Empty Tomb as History«, *Christianity Today*, 28. März 1975, S. 5.

28 George Currie, »The Military Discipline of the Romans from the Founding of the City to the Close of the Republic«, Zusammenfassung einer unter der Schirmherrschaft des *Graduate Council der Indiana University* veröffentlichten Abschlussarbeit, 1928.

29 Bill White, *A Thing Incredible: A Reassessment of the Resurrection Narratives in Relation to Holy Week and Israel* (Israel: Yanetz Ltd., 1976).

30 Michael Green, *The Empty Cross of Jesus* (Downers Grove, IL: InterVarsity Press, 1984), S. 222-223.

31 Reginald H. Fuller, *The Foundations of New Testament Christology* (New York: Scribner's, 1965), S. 142.

32 Hans von Campenhausen, »The Events of Easter and the Empty Tomb«, in: *Tradition and Life in the Early Church* (Philadelphia: Fortress, 1968), S. 44.

33 C. H. Dodd, »The Appearances of the Risen Christ: A Study in Form-Criticism of the Gospels«, in: *More New Testament Studies* (Manchester, UK: University of Manchester Press, 1968), S. 128.

Josh McDowell
Die Tatsache der Auferstehung

192 Seiten, Taschenbuch
ISBN 978-3-89397-712-3

Bestätigen die historischen Fakten die Auferstehung Jesu Christi? Indizien wären zu prüfen, Zeugen zu befragen, die Hinrichtung nachzuweisen, Bestattungsvorgänge zu untersuchen. Außerdem müsste man mögliche alternative Erklärungsversuche in Betracht ziehen, um dann zu einem Urteil zu kommen. Eine akribische Detektivaufgabe. Der Autor nahm als Skeptiker den Fall der Auferstehung unter die Lupe, um das Christentum »ad absurdum« zu führen. Mittlerweile bezeugt er in Vorträgen weltweit die Glaubwürdigkeit der Bibel.

Josh McDowell / Cristóbal Krusen
Ein Skeptiker kapituliert

64 Seiten, Taschenbuch
ISBN 978-3-86699-146-0

Seine Kindheit ist ein einziger Albtraum: Stress, Streit und Gewalt zwischen den Eltern – der Vater ein brutaler Alkoholiker, die Mutter krank und den Attacken des Vaters ausgeliefert, Verachtung und Misstrauen bei den Nachbarn. Und als wäre das noch nicht genug, wird er von einem Mitarbeiter der Eltern immer wieder sexuell missbraucht.

Josh McDowell kann dem Grauen nicht entfliehen, bis er alt genug ist, sein Leben selbst in die Hand zu nehmen. Dabei entwickelt er sich zu einem Intellektuellen und zu einem zynischen Skeptiker, was das Christentum und einen liebenden Gott betrifft. Es scheint leicht zu sein, die Gegenseite von ihrem Irrtum zu überzeugen.

Doch dann findet er seinen Meister …